Todos los libros de Linkgua Ediciones cuentan con modelos de Inteligencia Artificial entrenados por hispanistas. Pregúntale al chat de tu libro lo que desees acerca de la obra o su autor/a.

Para ebooks: Accede a nuestro modelo de IA a través de este enlace.

Para libros impresos: Escanea el código QR de la portada con tu dispositivo móvil.

Obtén análisis detallados de nuestros libros, resúmenes, respuestas a tus preguntas y accede a nuestras ediciones críticas generativas para una experiencia de lectura más enriquecedora.

La transparencia y el respeto hacia la autoría de las fuentes utilizadas son distintivos básicos de nuestro proyecto. Por ello, las respuestas ofrecen, mediante un sistema de citas, las fuentes con las que han sido elaboradas.

Emilio Castelar

Discurso sobre la libertad religiosa y la separación entre la iglesia y el estado

Barcelona 2024
Linkgua-ediciones.com

Créditos

Título original: Discurso sobre la libertad religiosa y la separación entre la iglesia y el estado.

© 2024, Red ediciones S.L.

Diseño de cubierta: Michel Mallard.

ISBN rústica ilustrada: 978-84-9816-015-4.
ISBN ebook: 978-84-9897-672-4.

Sumario

Brevísima presentación

La vida

Emilio Castelar y Ripoll (1832-1899). España.

Nació en Cádiz y estudió derecho y filosofía y letras en la universidad de Madrid (1852-1853). Actuó en la vida política defendiendo las ideas democráticas; fundó el periódico La Democracia, en 1863, y apoyó el republicanismo individualista. A causa de un artículo contrario a Isabel II, fue separado de su cátedra de historia de España de la universidad central, lo que provocó manifestaciones estudiantiles y la represión de la Noche de san Daniel (10 abril 1865). Castelar conspiró contra Isabel II y se exilió en Francia, donde permaneció hasta la revolución de septiembre (1868). A su regreso fue nombrado triunviro por el partido republicano junto a Pi y Margall y a Figueras. Diputado por Zaragoza a las cortes constituyentes de 1869, al proclamarse la I república ocupó la presidencia del poder ejecutivo. Gobernó con las cortes cerradas y combatió a carlistas y cantonales. Tras la reapertura de las cortes, su gobierno fue derrotado, lo que provocó el golpe de estado del general Pavía (3 enero 1874). Disuelta la república y restaurada la monarquía borbónica, representó a Barcelona en las primeras cortes de Alfonso XII. Defendió el sufragio universal, la libertad religiosa y un republicanismo conservador y evolucionista (el posibilismo).

Emilio Castelar murió en 1899 en San Pedro del Pinatar.

Discurso sobre la libertad religiosa y la separación entre la iglesia y el Estado

(12-IV-69)

Señores Diputados: Inmensa desgracia para mí, pero mayor desgracia todavía para las Cortes, verme forzado por deberes de mi cargo, por deberes de cortesía, a embargar casi todas las tardes, contra mi voluntad, contra mi deseo, la atención de los señores Diputados. Yo espero que las Cortes me perdonarán si tal hago en fuerza de las razones que a ello me obligan; y que no atribuirán de ninguna suerte tanto y tan largo y tan continuado discurso a intemperancia mía en usar de la palabra. Prometo solemnemente no volver a usarla en el debate de la totalidad.

Decía mi ilustre amigo el señor Ríos Rosas en la última sesión, con la autoridad que le da su palabra, su talento, su alta elocuencia, su íntegro carácter, decíame que dudaba si tenía derecho a darme consejos. Yo creo que S.S. lo tiene siempre: como orador, lo tiene para dárselos a un principiante; como hombre de Estado, lo tiene para dárselos al que no aspira a este título; como hombre de experiencia, lo tiene para dárselos al que entra por vez primera en este respetado recinto. Yo los recibo, y puedo decir que el día en que el señor Ríos Rosas me aconsejó que no tratara a la Iglesia católica con cierta aspereza, yo dudaba si había obrado bien; yo dudaba si había procedido bien, yo dudaba si había sido justo o injusto, si había sido cruel, y sobre todo, si había sido prudente.

¿Qué dije yo, señores, qué dije yo entonces? Yo no ataqué ninguna creencia, yo no ataqué el culto, yo no ataqué el

9

dogma. Yo dije que la Iglesia católica, organizada como vosotros la organizáis, organizada como un poder del Estado, no puede menos de traernos grandes perturbaciones y grandes conflictos, porque la Iglesia católica con su ideal de autoridad, con su ideal de infalibilidad, con la ambición que tiene de extender estas ideas sobre todos los pueblos, no puede menos de ser en el organismo de los Estados libres causa de una continua perturbación en todas las conciencias, causa de una constante amenaza a todos los derechos.

Si alguna duda pudierais tener, si algún remordimiento pudiera asaltaros, señores, ¿no se ha levantado el señor Manterola con la autoridad que le da su ciencia, con la autoridad que le dan sus virtudes, con la autoridad que le da su alta representación en la Iglesia, con la autoridad que le da la altísima representación que tiene en este sitio, no se ha levantado a decirnos en breves, en sencillas, en elocuentísimas palabras, cuál es el criterio de la Iglesia sobre el derecho, sobre la soberanía nacional, sobre la tolerancia o intolerancia religiosa, sobre el porvenir de las naciones? Si en todo su discurso no habéis encontrado lo que yo decía, si no habéis hallado que reprueba el derecho, que reprueba la conciencia moderna, que reprueba la filosofía novísima, yo declaro que no ha dicho nada, yo declaro que todos vosotros tenéis razón y yo condeno mi propio pensamiento. Pero su discurso, absolutamente todo su discurso, no ha sido más que una completa confirmación de mis palabras; cuanto yo decía, lo ha demostrado el señor Manterola. Pues qué, ¿no ha dicho que el dogma de la soberanía nacional, expresado en términos tan modestos por la comisión, es inadmisible, puesto que el clero no reconoce más dogma que la soberanía de la

Iglesia? ¿Y no os dice esto que después de tantos y tan grandes cataclismos, que después de las guerras de las investiduras, que después de las guerras religiosas, que después del advenimiento de tantos Estados laicos, que después de tantos Concordatos en que la Iglesia ha tenido que aceptar la existencia civil de muchas religiones, aún no ha podido desprenderse de su antiguos criterios, del criterio de Gregorio VIII y de Inocencio III, y aún cree que todos los poderes civiles son una usurpación de su poder soberano?

Señores, nadie como yo ha aplaudido la presencia en este sitio del señor Manterola, la presencia en este sitio del ilustre obispo de Jaén, la presencia en este sitio del ilustre cardenal de Santiago. Yo creía, yo creo que esta Cámara no sería la expresión de España si a esta Cámara no hubieran venido los que guardan todavía el sagrado depósito de nuestras antiguas creencias, y los que aún dirigen la moral de nuestras familias. Yo los miro con mucho respeto, yo los considero con gran veneración, por sus talentos, por su edad, por el altísimo ministerio que representan. Consagrado desde edad temprana al cultivo de las ideas abstractas, de las ideas puras, en medio de una sociedad entregada con exceso al culto de la materia, en medio de una sociedad muy aficionada a la letra de cambio, en esta especie de indiferentismo en que ha caído un poco la conciencia olvidada del ideal, admito, sí, admito algo de divino, si es que ha de vivir el mundo incorruptible y ha de conservar el equilibrio, la armonía entre el espíritu y la naturaleza, que es el secreto de su grandeza y de su fuerza.

Pero, señores, digo más: hago una concesión mayor todavía a los señores que se sientan en aquel banco; les hago una concesión que no me duele hacerles, que debo hacerles, porque es verdad. A medida que crece la libertad, se aflojan los lazos materiales: a medida que los lazos materiales se aflojan, se aprietan los lazos morales. Así es necesario para que una sociedad libre pueda vivir, es indispensable que tenga grandes lazos de idea, que reconozca deberes, deberes impuestos, no por la autoridad civil, no por los ejércitos, sino por su propia razón, por su propia conciencia. Por eso, señores, yo no he visto, cuando he ido a los pueblos esclavos, no he visto nunca observada la fiesta del domingo; yo no la he visto observada en España, yo no la he visto observada jamás en París.

El domingo en los pueblos esclavos es una saturnal. En cambio, yo he visto el domingo celebrado con una severidad extraordinaria, con una severidad de costumbres que asombra, en los dos únicos pueblos libres que he visitado en mi larga peregrinación por Europa, en Suiza y en Inglaterra. ¿Y de qué depende? Yo sé de lo que depende: depende de que allí hay lazos de costumbres, lazos de inteligencia, lazos de costumbres y de inteligencia que no existen donde la religión se impone por la fuerza a la voluntad, a la conciencia, por medio de leyes artificiales y mecánicas. Así me decía un príncipe ruso, en Ginebra, que había más libertad en San Petersburgo que en Nueva York; y preguntándole yo por qué, me contestaba: «Por una razón muy sencilla: porque yo soy muy aficionado a la música, y en San Petersburgo puedo tocar el violín en domingo, mientras que no puedo tocarlo en Nueva York». He aquí cómo la separación de la Iglesia y el Estado, cómo la libertad de cultos, cómo la libertad religiosa engendra este gran principio, la aceptación voluntaria de la religión y de la metafísica, o de la moral, que es como la sal de la vida, y conserva sana la conciencia. Ya sabe el señor Manterola lo que San Pablo dijo: «Nihil tam voluntarium quam religio». Nada hay tan voluntario como la religión. El gran Tertuliano, en su carta a Escápula, decía también: «Non est religionis cogere religioneni». No es propio de la religión obligar por fuerza, cohibir para que se ejerza la religión. ¿Y qué ha estado pidiendo durante toda esta tarde el señor Manterola? ¿Qué ha estado exigiendo durante todo su largo discurso a los señores de la comisión? Ha estado pidiendo, ha estado exigiendo que no se pueda ser español, que no se pueda tener el título de español, que no se puedan ejercer derechos civiles, que no se pueda aspirar a las altas magistraturas políticas del país sino llevando impresa sobre la carne la marca de una religión forzosamente impuesta, no de una religión aceptada por la razón y por la conciencia.

Por consiguiente, el señor Manterola, en todo su discurso, no ha hecho más que pedir lo que pedían los antiguos paganos, los cuales no comprendían esta gran idea de la separación de la Iglesia y del Estado; lo que pedían los antiguos paganos, que consistía en que el rey fuera al mismo tiempo papa, o, lo que es igual, que el Pontífice sea al mismo tiempo, en alguna parte y en alguna medida, rey de España.

Y sin embargo, en la conciencia humana ha concluido para siempre el dogma de la protección de las Iglesias por el Estado. El Estado no tiene religión, no la puede tener, no la debe tener. El Estado no confiesa, el Estado no comulga, el Estado no se muere. Yo quisiera que el señor Manterola tuviese la bondad de decirme en qué sitio del

Valle de Josafat va a estar el día del juicio el alma del Estado que se llama España.

Suponía un gran poeta alemán hallarse allá en el polo. Era una de esas inmensas noches polares en que las auroras de color de rosa se reflejan sobre el hielo. El espectáculo era magnífico, era indescriptible. Hallábase a su lado un misionero, y como una ballena se moviese, le decía el misionero al poeta: «Mirad, ante este grande y extraordinario espectáculo, hasta la ballena se mueve y alaba a Dios». Un poco más lejos hallábase un naturalista, y el alemán le dijo: «Vosotros, los naturalistas, soléis suprimir la acción divina en vuestra ciencia; pues he aquí que este misionero me ha dicho que cuando ese gran espectáculo se ofreció a nuestra vista en el seno de la naturaleza, hasta la ballena se movía y alababa a Dios». El naturalista contestó al poeta alemán: «No es eso; es que hay ciertas ratas azules que se meten en el cuerpo de la ballena, y al fijarse en ciertos puntos del sistema nervioso, la molestan y la obligan a que se conmueva; porque ese animal tan grande y que tiene tantas arrobas de aceite, no tiene, sin embargo, ni un átomo de sentimiento religioso». Pues bien, exactamente lo mismo puede decirse del Estado. Ese animal tan grande no tiene ni siquiera un átomo de sentimiento religioso.

Y si no, ¿en nombre de qué condenaba el señor Manterola, al finalizar su discurso, los grandes errores, los grandes excesos, causa tal vez de su perdición, que en materia religiosa cometieron los revolucionarios franceses? No crea el señor Manterola que nosotros estamos aquí para defender los errores de nuestros mismos amigos: como no nos creemos infalibles, no nos creemos impecables, ni depositarios de la verdad absoluta; como no creemos tener las reglas eternas de la moral y del derecho, cuando nuestros amigos se equivocan, condenamos sus equivocaciones, cuando yerran los que nos han precedido en la defensa de la idea republicana, decimos que han errado porque nosotros no tenemos desde hace diecinueve siglos el espíritu humano amortizado en nuestros altares.

Pues bien, señores Diputados: Barnave, que comprendía mejor que otros de los suyos la Revolución francesa, decía: «Pido en nombre de la libertad, pido en nombre de la conciencia, que se revoque el edicto de los reyes, que arrojaba a los jesuitas». La Cámara no quiso acceder, y aquella hubiera sido medida mucho más prudente, más sabia, más progresiva, que la medida de exigir al clero el juramento civil, lo cual trajo tantas complicaciones y tantas desgracias sobre la Revolución francesa. En nombre del principio que el señor Manterola ha sostenido esta tarde de que el Estado puede y debe imponer una religión, Enrique VIII pudo en un día cambiar la religión católica por la protestante como Teodosio, por una especie de golpe de Estado semejante al de 18 de Brumario, pudo cambiar en el Senado romano la religión pagana por la religión católica; como la Convención francesa tuvo la debilidad de aceptar por un momento el culto de la diosa razón; como Robespierre proclamó el dogma del Ser supremo, diciendo que todos debían creer en Dios para ser ciudadanos franceses, lo cual era una reacción inmensa, reacción tan grande como la que realizó Napoleón I cuando, después de haber dudado si restauraría el protestantismo o restauraría el catolicismo, se decidió por restaurar el catolicismo, solamente porque era una religión autoritaria, solamente porque hacía esclavos a los hombres, solamente porque hacía del antiguo papa y del nuevo Carlomagno una especie de dioses.

Por consecuencia, el señor Manterola no tenía razón, absolutamente ninguna razón, al exigir, en nombre del catolicismo, en nombre del cristianismo, en nombre de una idea moral, en nombre de una idea religiosa, fuerza coercitiva, apoyo coercitivo al Estado. Esto sería un gran retroceso, porque, señores, o creemos en la religión porque así nos lo dicta nuestra conciencia, o no creemos en la religión porque también la conciencia nos lo dicta así. Si creemos en la religión porque nos lo dicta nuestra conciencia, es inútil, completamente inútil, la protección del Estado; si no creemos en la religión porque nuestra conciencia nos lo dicta, en vano es que el Estado nos imponga la creencia; no llegará hasta el fondo de nuestro ser, no llegará al fondo de nuestro espíritu: y como la religión, después de todo, no es tanto una relación social como una relación del hombre con Dios, podréis engañar con la religión impuesta por el Estado a los demás hombres, pero no engañaréis jamás a Dios, a Dios, que escudriña con su mirada el abismo de la conciencia.

Hay en la Historia dos ideas que no se han realizado nunca; hay en la sociedad dos ideas que nunca se han realizado: la idea de una nación, y la idea de una religión para todos. Yo me detengo en este punto, porque me ha admirado mucho la seguridad con que el señor Manterola decía que el catolicismo progresaba en Inglaterra, que el catolicismo progresaba en los Estados Unidos, que el catolicismo progresaba en Oriente. Señores, el catolicismo no progresa en Inglaterra. Lo que allí sucede es que los liberales, esos liberales tenidos siempre por réprobos y herejes en la escuela de S.S., reconocen el derecho que tiene el campesino católico, que tiene el pobre irlandés, a no pagar de su bolsillo una religión en que no cree su conciencia. Esto ha sucedido y sucede en Inglaterra. En cuanto a los Estados Unidos diré que allí hay 34 o 35 millones de habitantes; de estos 34 o 35 millones de habitantes, hay 31 millones de protestantes y 4 millones de católicos, si es que llega; y estos 4 millones se cuentan, naturalmente, porque allí hay muchos europeos, y porque aquella nación ha anexionado la Lusiania, Nuevas Tejas, la California, y, en fin, una porción de territorios cuyos habitantes son de origen católico.

Pero, señores, lo que más me maravilla es que el señor Manterola dijera que el catolicismo se extiende también por el Oriente. ¡Ah, señores! Haced esta ligera reflexión conmigo: no ha sido posible, lo ha intentado César, lo ha intentado Alejandro, lo ha intentado Carlomagno, lo ha intentado Carlos V, lo ha intentado Napoleón; no ha sido posible constituir una sola nación: la idea de variedad y de autonomía de los pueblos ha vencido a todos los conquistadores; y tampoco ha sido posible crear una sola religión: la idea de la libertad de conciencia ha vencido a los Pontífices.

Cuatro razas fundamentales hay en Europa: la raza latina, la raza germánica, la raza griega y la raza eslava.

Pues bien, en la raza latina, su amor a la unidad, su amor a la disciplina y a la organización se ve por el catolicismo: en la raza germánica, su amor a la conciencia y al derecho personal, su amor a la libertad del individuo se ve por el protestantismo: en la raza griega, se nota todavía lo que se notaba en los antiguos tiempos, el predominio de la idea metafísica sobre la idea moral; y en la raza eslava, que está preparando una gran invasión en Europa, según sus sueños, se ve lo que ha sucedido en los imperios autoritarios, lo que sucedió en Asia y en la Roma imperial, una religión autocrática. Por consiguiente, no ha sido posible de ninguna suerte encerrar a todos los pueblos modernos en la idea de la unidad religiosa.

¿Y en Oriente? Señores, yo traeré mañana al señor Manterola, a quien después de haber combatido como enemigo abrazaré como hermano, en prueba de que practicamos aquí los principios evangélicos; yo le traeré mañana un libro de la Sociedad oriental de Francia, en que hay un estado del progreso del catolicismo en Oriente, y allí se convencerá S.S. de lo que voy a afirmar. En la historia antigua, en el antiguo Oriente hay dos razas fundamentales: la raza indo-europea y la raza semítica.

La raza indo-europea ha sido la raza pagana que ha creado los ídolos, la raza civil que ha creado la filosofía y el derecho político: la raza semítica es la que crea todas las grandes religiones que todavía son la base de la conciencia moral del género humano: Mahoma, Moisés, Cristo, puede decirse que abrazan completamente toda la esfera religiosa moderna en sus diversas manifestaciones. Pues bien: ¿cuál es el carácter de la raza indo-europea que ha creado a Grecia, Roma y Germania? El predominio de la idea de particularidad y de individualidad de la idea progresiva sobre la idea de unidad inmóvil. ¿Cuál es el carácter de la raza semítica que ha creado las tres grandes religiones, el mahometismo, el judaísmo y el cristianismo? El predominio de la idea de unidad inmóvil sobre la idea de variedad progresiva. Pues todavía no existe eso en Oriente. Así es que los cristianos de la raza semítica adoran a Dios, y apenas se acuerdan de la segunda y tercera persona de la Santísima Trinidad, mientras que los cristianos de la raza indo-europea adoran a la Virgen y a los santos, y apenas se acuerdan de Dios. ¿Por qué? Porque la metafísica no puede destruir lo que está en el organismo y en las leyes fatales de la Naturaleza.

Señores, entremos ahora en algunas de las particularidades del discurso del señor Manterola. Decíanos S.S.: «¿Cuándo han tratado mal, en qué tiempo han tratado mal los católicos y la Iglesia católica a los judíos?». Y al decir esto se dirigía a mí, como reconviniéndome, y añadía: «Esto lo dice el señor Castelar, que es catedrático de Historia». Es verdad que lo soy, y lo tengo a mucha honra: y por consiguiente, cuando se trata de historia es una cosa bastante difícil el tratar con un catedrático que tiene ciertas nociones muy frescas, como para mí sería muy difícil el tratar de teología con persona tan altamente caracterizada como el señor Manterola. Pues bien, cabalmente en los apuntes de hoy para la explicación de mi cátedra tenía el siguiente: «En la escritura de fundación del monasterio de San Cosme y San Damián, que lleva la fecha de 978, hay un inventario que los frailes hicieron de la manera siguiente: primero ponían «varios objetos»; y luego ponen «50 yeguas», y después «30 moros y 20 moras»: es decir, que ponían sus 50 yeguas antes que sus 30 moros y sus 20 moras esclavas.»

De suerte que para aquellos sacerdotes de la libertad, de la igualdad y de la fecundidad, eran antes sus bestias de carga que sus criados, que sus esclavos, lo mismo, exactamente lo mismo que para los antiguos griegos y para los antiguos romanos.

Señores, sobre esto de la unidad religiosa hay en España una preocupación de la cual me quejo, como me quejaba el otro día de la preocupación monárquica. Nada más fácil que a ojo de buen cubero decir las cosas. España es una nación eminentemente monárquica, y se recoge esa idea y cunde y se repite por todas partes hasta el fin de los siglos. España es una nación intolerante en materias religiosas, y se sigue esto repitiendo, y ya hemos convenido todos en ello.

Pues bien: yo le digo a S.S. que hay épocas, muchas épocas en nuestra historia de la Edad Media en que España no ha sido nunca, absolutamente nunca, una nación tan intolerante como el señor Manterola supone. Pues qué, ¿hay, por ventura, en el mundo nada más ilustre, nada más grande, nada más digno de la corona material y moral que lleva, nada que en el país esté tan venerado, como el nombre ilustre del inmortal Fernando III, de Fernando III el Santo? ¿Hay algo? ¿Conoce el señor Manterola algún rey que pueda ponerse a su lado? Mientras su hijo conquistaba a Murcia, él conquistaba Sevilla y Córdoba. ¿Y qué hacía, señor Manterola, con los moros vencidos? Les daba el fuero de los jueces, les permitía tener sus mezquitas, les dejaba sus alcaldes propios, les dejaba su propia legislación. Hacía más: cuando era robado un cristiano, al cristiano se devolvía lo mismo que se le robaba; pero cuando era robado un moro, al moro se le devolvía doble. Esto tiene que estudiarlo el señor Manterola en las grandes leyes, en los grandes fueros, en esa gran tradición de la legislación mudéjar, tradición que nosotros podríamos aplicar ahora mismo a las religiones de los diversos cultos el día que estableciésemos la libertad religiosa y diéramos la prueba de que, como dijo Madame Stael, en España lo antiguo es la libertad, lo moderno el despotismo.

Hay, señores, una gran tendencia en la escuela neocatólica a convertir la religión en lo que decían los antiguos; los antiguos decían que la religión solo servía para amedrentar a los pueblos; por eso decía el patricio romano: Religio id est, metus: la religión quiere decir miedo. Yo podría decir a los que hablan así de la religión aquello que dice la Biblia: «Congnovit bos posesorem suum, et asinus proesepe dominisunt, et Israel non cognovit, et populus meus non intelexii», que quiere decir que el buey conoce su amo, el asno su pesebre, y los neocatólicos no conocen a su Dios.

La intolerancia religiosa comenzó en el siglo XIV, continuó en el siglo XV. Por el predominio que quisieron tomar los reyes sobre la Iglesia, se inauguró, digo, una gran persecución contra los judíos; y cuando esta persecución se inauguró, fue cuando San Vicente Ferrer predicó contra los judíos, atribuyéndolos, una fábula que nos ha citado hoy el señor Manterola y que ya el padre Feijoo refutó hace mucho tiempo: la dichosa fábula del niño, que se atribuye a todas las religiones perseguidas, según lo atestigua Tácito y los antiguos historiadores paganos. Se dijo que un niño había sido asesinado y que había sido bebida su sangre, atribuyéndose este hecho a los judíos, y entonces fue citando, después de haber oído a San Vicente Ferrer, degollaron los fanáticos a muchos judíos de Toledo que habían hecho de la judería de la gran ciudad el bazar más hermoso de toda la Europa occidental. Y para esto no ha tenido una sola palabra de condenación, sino antes bien de excusa el señor Manterola, en nombre de Aquel que había dicho: «Perdónalos, porque no saben lo que se hacen».

Lo detestaba, ha dicho el señor Manterola, y lo detesto: pues entonces debe S.S. detestar toda la historia de la intolerancia religiosa, en que, siquiera sea duro el decirlo, tanta parte, tan principal parte le cabe a la Iglesia. Porque sabe muy bien el señor Manterola y esta tarde lo ha indicado, que la Iglesia se defendía de esta gran mancha de sangre, que debía olerle tan mal como le olía aquella célebre sangre a lady Macbeth, diciendo: «Nosotros no matábamos al reo, lo entregábamos al brazo civil». Pues es lo mismo que si el asesino dijera: «Yo no he matado, quien ha matado ha sido el puñal». ¡La Inquisición, señores, la Inquisición era el puñal de la Iglesia!

Pues qué, señores Diputados, ¿no está esto completamente averiguado, que la Iglesia perseguía por perseguir? ¿Quiere el señor Manterola que yo le cite la Encíclica de Inocencio III, y mañana se la traeré, porque no pensaba yo que hoy se tratase de librar a la Iglesia del dictado de intolerante, en cuya Encíclica se condenaba a eterna esclavitud a los judíos? ¿Quiere que le traiga la carta de San Pío V, Papa santo, el cual, escribiendo a Felipe II, le decía: «Que era necesario buscar a toda costa un asesino para matar a Isabel de Inglaterra», con lo cual se prestaría un gran servicio a Dios y al Estado?

Me preguntaba el señor Manterola si yo había estado en Roma. Sí, he estado en Roma, he visto sus ruinas, he contemplado sus 300 cúpulas, he asistido a las ceremonias de la Semana Santa, he mirado las grandes Sibilas de Miguel Ángel, que parecen repetir, no ya las bendiciones, sino eternas maldiciones sobre aquella ciudad; he visto la puesta del Sol tras la basílica de San Pedro, me he arrobado en el éxtasis que inspiran las artes con su eterna irradiación, he querido encontrar en aquellas cenizas un átomo de fe religiosa, y solo he encontrado el desengaño y la duda.

Sí, he estado en Roma y he visto lo siguiente, señores Diputados, y aquí podría invocar la autoridad del señor Posada Herrera, embajador revolucionario de la nación española, que tantas y tan extraordinarias distinciones ha merecido al Papa, hasta el punto de haberle formado su pintoresca guardia noble. Hay, señores, en Roma un sitio que es lo que se llama sala regia, en cuyo punto está la gran capilla Sixtina Paulina, inmortalizada por Miguel Ángel, y la capilla donde se celebran los misterios del Jueves Santo, donde se pone el monumento, y en el fondo el sitio por donde se entra a las habitaciones particulares de Su Santidad. Pues esta sala se halla pintada, si no me engaño, aunque tengo muy buena memoria, por el célebre historiador de la pintura en Italia, por Vasari, que era un gran historiador, pero un mediano artista. Este grande historiador había pintado aquellos salones a gusto de los Papas, y había pintado, entre otras cosas, la falsa donación de Constantino, porque en la historia eclesiástica hay muchas falsedades, las falsas decretales, el falso voto de Santiago, por el cual hemos estado pagando tantos siglos un tributo que no debíamos, y que si lo pidiéramos ahora a la Iglesia con todos sus intereses no habría en la nación española bastante para pagarnos aquello que indebidamente te hemos dado.

Pues bien, señores Diputados; en aquel salón se encuentran varios recuerdos, entre otros, don Fernando el Católico, y esto con mucha justicia; pero hay un fresco en el cual está un emisario del rey de Francia presentándole al Papa la cabeza de Coligny; había un fresco donde están, en medio de ángeles, los verdugos, los asesinos de la noche de San Bartolomé; de suerte que la Iglesia, no solamente acepta aquel crimen, no solamente en la capilla Sixtina ha llamado admirable a la noche de San Bartolomé, sino que después la ha inmortalizado junto a los frescos de Miguel Ángel, arrojando la eterna blasfemia de semejante apoteosis a la faz de la razón, de la justicia y de la historia.

Nos decía el señor Manterola: «¿Qué tenéis que decir de la Iglesia, qué tenéis que decir de esa gran institución, cuando ella os ha amamantado a sus pechos, cuando ella ha creado las universidades?». Es verdad, yo no trato nunca, absolutamente nunca, de ser injusto con mis enemigos.

Cuando la Europa entera se descomponía, cuando el feudalismo reinaba, cuando el mundo era un caos, entonces (pues qué, ¿vive tanto tiempo una institución sin servir para algo al progreso?), ciertamente, indudablemente, las teorías de la Iglesia refrenaron a los poderosos, combatieron a los fuertes, levantaron el espíritu de los débiles y extendieron rayos de luz, rayos benéficos, sobre todas las tierras de Europa, porque era el único elemento intelectual y espiritual que había en el caos de la barbarie. Por eso se fundaron las universidades.

Pero ¡ah, señor Manterola! ¡Ah, señores Diputados! Me dirijo a la Cámara: comparad las universidades que permanecieron fieles, muy fieles, a la idea tradicional después del siglo XVI, con las universidades que se separaron de esta idea en los siglos XVI, XVII y XVIII. Pues qué ¿puede comparar el señor Manterola nuestra magnífica universidad de Salamanca, puede compararla hoy con la universidad de Oxford, con la de Cambridge o con la de Heidelberg? No.

¿Por qué aquellas universidades, como el señor Manterola me dice y afirma, son más ilustres, son más grandes, han seguido los progresos del espíritu humano y han engendrado las unas a los grandes filósofos, las otras a los grandes naturalistas? No es porque hayan tenido más razón, más inteligencia que nosotros, sino porque no han tenido sobre su cuello la infame coyunda de la Inquisición, que abrasó hasta el tuétano de nuestros huesos y hasta la savia de nuestra inteligencia.

El señor Manterola se levanta y, dice: «¿Qué tenéis que decir de Descartes, de Mallebranche, de Orígenes y de Tertulianos?». Descartes no pudo escribir en Francia, tuvo que escribir en Holanda. ¿Por qué en Francia no pudo escribir? Porque allí había catolicismo y monarquía, en tanto que en Holanda había libertad de conciencia y república. Mallebranche fue casi tachado de panteísta por su idea platónica de los cuerpos y las ideas de Dios. ¿Y por qué me cita el señor Manterola a Tertuliano? ¿No sabe que Tertuliano murió en el montanismo? ¿A qué me cita S.S. también a Orígenes? ¿No sabe que Orígenes ha sido rechazado por la Iglesia? ¿Y por qué? ¿Por negar a Dios? No, por negar el dogma del infierno y el dogma del diablo.

Decía el señor Manterola: «La filosofía de Hegel ha muerto en Alemania». Este es el error, no de la Iglesia católica, sino de la Iglesia en sus relaciones con la ciencia y la política. Yo hablo de la Iglesia en su aspecto civil, en su aspecto social. De lo relativo al dogma hablo con todo respeto, con el gran respeto que todas las instituciones históricas me merecen; hablo de la Iglesia en su conducta política, en sus relaciones con la ciencia moderna. Pues bien; yo digo una cosa: si la filosofía de Hegel ha muerto en Alemania, señores Diputados, ¿sabéis dónde ha ido a refugiarse? Pues ha ido a refugiarse en Italia, donde tiene sus grandes maestros; en Florencia, donde está Ferrari; en Nápoles, donde está Vera. ¿Y sabe S.S. por qué sucede eso? Porque Italia, opresa durante mucho tiempo; la Italia, que ha visto a su Papa oponerse completamente a su unidad e independencia; la Italia, que ha visto arrebatar niños como Mortara, levantar patíbulos como los que se levantaron para Monti y Tognetti, cada día se va separando de la Iglesia y se va echando en brazos de la ciencia y de la razón humana.

Y aquí viene la teoría que el señor Manterola no comprende de los derechos ilegislables, por lo cual atacaba con toda cortesía a mi amigo el señor Figueras; y como quiera que mi amigo el señor Figueras no puede contestar por estar un poco enfermo de la garganta, debo decir en su nombre al señor Manterola que casualmente, si a alguna cosa se puede llamar derechos divinos, es a los derechos fundamentales humanos, ilegislables. ¿Y sabe S.S. por qué? Porque después de todo, si en nombre de la religión decís lo que yo creo, que la música de los mundos, que la mecánica celeste es una de las demostraciones de la existencia de Dios, de que el universo está organizado por una inteligencia superior, suprema; los derechos individuales, las leyes de la naturaleza, las leyes de nuestra organización, las leyes de nuestra voluntad, las leyes de nuestra conciencia, las leyes de nuestro espíritu, son otra mecánica celeste no menos grande, y muestran que la mano de Dios ha tocado a la frente de este pobre ser, humano y lo ha hecho a Dios semejante.

Después de todo, como hay algo que no se puede olvidar, como hay algo en el aire que se respira, en la tierra en que se nace, en el Sol que se recibe en la frente, algo de aquellas instituciones en que hemos vivido, el señor Manterola, al hablar de las Provincias Vascongadas, al hablar de aquella república con esa emoción extraordinaria que yo he compartido con su señoría, porque yo celebro que allí se conserve esa gran democracia histórica para desmentir a los que creen que nuestra patria no puede llegar a ser una república, y una república federativa; al hablar de aquel árbol cuyas hojas los soldados de la revolución francesa trocaban en escarapelas (buena prueba de que si puede haber disidencias entre los reyes, no puede haberla entre los pueblos), de aquel árbol que, desde Ginebra saludaba Rousseau como el más antiguo testimonio de la libertad en el mundo; al hablarnos de todo esto el señor Manterola, se ha conmovido, me ha conmovido a mí, ha conmovido elocuentemente a la Cámara. ¿Y por qué, señores Diputados? Porque esta era la única centella de libertad que había en su elocuentísimo discurso. Así decía el señor Manterola que era aquella una república modelo, porque se respetaba el domicilio: pues yo le pido al señor Manterola que nos ayude a formar la república modelo, la república divina, aquella en que se respete el asilo de Dios, el asilo de la conciencia humana, el verdadero hogar, el eterno domicilio del espíritu.

Decíanos el señor Manterola que los judíos no se llevaron nada de España, absolutamente nada, que los judíos lo más que sabían hacer eran babuchas; que los judíos no brillaban en ciencias, no brillaban en artes; que los judíos no nos han quitado nada. Yo, al vuelo, voy a citar unos cuantos nombres europeos de hombres que brillan en el mundo y que hubieran brillado en España sin la expulsión de los judíos.

Espinoza: podréis participar o no de sus ideas, pero no podéis negar que Espinoza es quizá el filósofo más alto de toda la filosofía moderna; pues Espinoza, si no fue engendrado en España, fue engendrado por progenitores españoles, y a causa de la expulsión de los judíos fue parido lejos de España, y la intolerancia nos arrebató esa gloria.

Y sin remontarnos a tiempos remotos, ¿no se gloria hoy la Inglaterra con el ilustre nombre de Disraely, enemigo nuestro en política, enemigo del gran movimiento moderno; tory, conservador reaccionario, aunque ya quisiera yo que muchos progresistas fueran como los conservadores ingleses? Pues Disraely es un judío, pero de origen español; Disraely es un gran novelista, un grande orador, un grande hombre de Estado, una gloria que debía reivindicar hoy la nación española.

Pues qué, señores Diputados, ¿no os acordáis del nombre más ilustre de Italia, del nombre de Manin? Dije el otro día que Garibaldi era muy grande, pero al fin era un soldado. Manin es un hombre civil, el tipo de los hombres civiles que nosotros hoy tanto necesitamos, y que tendremos, si no estamos destinados a perder la libertad: Manin, solo, aislado, fundó una república bajo las bombas del Austria, proclamó la libertad; sostuvo la independencia de la patria, del arte y de tantas ideas sublimes, y la sostuvo interponiendo su pecho entre el poder del Austria y la indefensa Italia. ¿Y quién era ése hombre cuyas cenizas ha conservado París, y cuyas exequias tomaron las proporciones de una perturbación del orden público en París, porque había necesidad de impedir que fueran sus admiradores, los liberales de todos los países, a inspirarse en aquellos restos sagrados (porque no hay ya fronteras en el mundo, todos los amantes de la libertad se confunden en el derecho), quién era, digo, aquel hombre que hoy descansa, no donde descansan los antiguos Dux, sino en el pórtico de la más ilustre, de la más sublime basílica oriental, de la basílica de San Marcos? ¿Qué era Manin? Descendiente de judíos. ¿Y qué eran esos judíos? Judíos españoles.

De suerte que al quitarnos a los judíos nos habéis quitado infinidad de nombres que hubieran sido una gloria para la patria.

Señores Diputados, yo no solo fui a Roma, sino que también fui a Liorna y me encontré con que Liorna era una de las más ilustres ciudades de Italia. No es una ciudad artística ciertamente, no es una ciudad científica, pero es una ciudad mercantil e industrial de primer orden. Inmediatamente me dijeron que lo único que había que ver allí era la sinagoga de mármol blanco, en cuyas paredes se leen nombres como García, Rodríguez, Ruiz, etcétera. Al ver esto, acerquéme al guía y le dije: «Nombres de mi lengua, nombres de mi patria»; a lo cual me contestó: «Nosotros todavía enseñamos el hebreo en la hermosa lengua española, todavía tenemos escuelas de español, todavía enseñamos a traducir las primeras páginas de la Biblia en lengua española, porque no hemos olvidado nunca, después de más de tres siglos de injusticia, que allí están, que en aquella tierra están los huesos de nuestros padres». Y había una inscripción y esta inscripción decía que la habían visitado reyes españoles, creo que eran Carlos IV y María Luisa, y habían ido allí y no se habían conmovido y no habían visto los nombres españoles allí esculpidos. Los Médicis, más tolerantes; los Médicis, más filósofos; los Médicis, más previsores y más ilustrados, recogieron lo que el absolutismo de España arrojaba de su seno, y los restos, los residuos de la nación española los aprovecharon para alimentar su gran ciudad, su gran puerto, y el faro que le alumbra arde todavía alimentado por el espíritu de la libertad religiosa.

Señores Diputados: me decía el señor Manterola (y ahora me siento) que renunciaba a todas sus creencias, que renunciaba a todas sus ideas si los judíos volvían a juntarse y volvían a levantar el templo de Jerusalén. Pues qué, ¿cree el señor Manterola en el dogma terrible de que los hijos son responsables de las culpas de sus padres? ¿Cree el señor Manterola que los judíos de hoy son los que mataron a Cristo? Pues yo no lo creo; yo soy más cristiano que todo eso, yo creo en la justicia y en la misericordia divina.

Grande es Dios en el Sinaí; el trueno le precede, el rayo le acompaña, la luz le envuelve, la tierra tiembla, los montes se desgajan; pero hay un Dios más grande, más grande todavía, que no es el majestuoso Dios del Sinaí, sino el humilde Dios del Calvario, clavado en una cruz, herido, yerto, coronado de espinas, con la hiel en los labios, y sin embargo, diciendo: «¡Padre mío, perdónalos, perdona a mis verdugos, perdona a mis perseguidores, porque no saben lo que se hacen!». Grande es la religión del poder, pero es más grande la religión del amor; grande es la religión de la justicia implacable, pero es más grande la religión del perdón misericordioso; y yo, en nombre del Evangelio, vengo aquí, a pediros que escribáis en vuestro Código fundamental la libertad religiosa, es decir, libertad, fraternidad, igualdad entre todos los hombres.

Libros a la carta

A la carta es un servicio especializado para
empresas,
librerías,
bibliotecas,
editoriales
y centros de enseñanza;
y permite confeccionar libros que, por su formato y concepción, sirven a los propósitos más específicos de estas instituciones.

Las empresas nos encargan ediciones personalizadas para marketing editorial o para regalos institucionales. Y los interesados solicitan, a título personal, ediciones antiguas, o no disponibles en el mercado; y las acompañan con notas y comentarios críticos.

Las ediciones tienen como apoyo un libro de estilo con todo tipo de referencias sobre los criterios de tratamiento tipográfico aplicados a nuestros libros que puede ser consultado en Linkgua-ediciones.com.

Linkgua edita por encargo diferentes versiones de una misma obra con distintos tratamientos ortotipográficos (actualizaciones de carácter divulgativo de un clásico, o versiones estrictamente fieles a la edición original de referencia).

Este servicio de ediciones a la carta le permitirá, si usted se dedica a la enseñanza, tener una forma de hacer pública su interpretación de un texto y, sobre una versión digitalizada «base», usted podrá introducir interpretaciones del texto fuente. Es un tópico que los profesores denuncien en clase los desmanes de una edición, o vayan comentando errores de interpretación de un texto y esta es una solución útil a esa necesidad del mundo académico.

Asimismo publicamos de manera sistemática, en un mismo catálogo, tesis doctorales y actas de congresos académicos, que son distribuidas a través de nuestra Web.

El servicio de «libros a la carta» funciona de dos formas.

1. Tenemos un fondo de libros digitalizados que usted puede personalizar en tiradas de al menos cinco ejemplares. Estas personalizaciones pueden ser de todo tipo: añadir notas de clase para uso de un grupo de estudiantes, introducir logos corporativos para uso con fines de marketing empresarial, etc. etc.

2. Buscamos libros descatalogados de otras editoriales y los reeditamos en tiradas cortas a petición de un cliente.

LK

www.ingramcontent.com/pod-product-compliance
Lightning Source LLC
Chambersburg PA
CBHW032008060426
42449CB00032B/1225